SIMPLES CONSEILS

Mes amis les Cultivateurs
Du Perche et de la Normandie

C'est à vous que je m'adresse cultivateurs paisibles et laborieux, qui voulez avant tout, le calme, la sécurité et la paix.

Causons ensemble si vous le voulez. Tâchons de démêler la vérité, au milieu de tous les écrits que nous recevons, et de tous les bavardages qui se font autour de nous.

Ne savez-vous pas qu'en ce monde chacun prêche pour son saint. Chacun raisonne à sa façon. Chacun vante sa marchandise?

Mais tous, tant que nous sommes, Normands ou Percherons, nous ne nous payons pas de paroles, n'est-ce pas mes amis, et on ne nous trompe pas si facilement.

Avant d'acheter un cheval nous regardons à la dent. Nous examinons la marchandise avec soin avant d'offrir un prix.

C'est là l'histoire de toute transaction commerciale ou de tout marché si vous voulez.

Croyez-moi, ne changez rien à vos habitudes. Vous faites bien vos affaires commerciales, bien malin qui vous attrappe !

Faites de même vos affaires politiques, bien habile qui vous mettra dedans.

Choisissez vos candidats comme vous examinez votre marchandise.

Ne prenez pas comme chat en poche les députés

que le gouvernement vous désigne. On dirait en vérité qu'il vous trouve trop simples pour choisir vous-mêmes l'homme capable de vous représenter.

La politique, vous dit-on, n'est pas votre affaire « vous n'y connaissez rien. »

Là est votre erreur.

Vous avez du bon sang, cela suffit !

Pour moi, je ne veux qu'une chose, dissiper par de simples raisonnements quelques préjugés de vos esprits. Vous fournir quelques explications sur le sens et la portée de certains faits ou de certains mots que vous entendez raconter ou prononcer.

CHAPITRE I.

République, Révolution

Deux mots, deux sens.

La plupart d'entre vous font une étrange confusion entre le mot de *République* et celui de *révolution*.

Voici d'où vient votre erreur : vous confondez la République avec la terreur de 1793.

Ceci est évident.

Mais c'est à la *révolution de 1789* que remontent vos *libertés*.

Il ne s'agit pas seulement ici de vos *libertés politiques*, mais de la *liberté* de vos *personnes* et de vos *biens*.

Avant 1789, c'était le régime féodal, le pouvoir seigneurial, l'asservissement de l'homme, l'accaparement de la propriété.

Système suranné remontant à des époques de

conquête ou de barbarie, maintenu par un *pouvoir autoritaire* et une noblesse attachée à ses priviléges.

La civilisation moderne était forcément appelée à opérer ce changement dans les mœurs et les coutumes du pays.

La résistance désespérée apportée par la royauté, la noblesse et le clergé au grand mouvement social qui devait s'accomplir, fit dégénérer une *révolution pacifique* en une lutte sanglante et fratricide. Ce fut 1793.

La royauté pour n'avoir pas su diriger le mouvement, la noblesse et le clergé pour s'y être opposés, tombèrent sous l'effondrement général de la société française.

La *révolution* avait commencé sous la *monarchie*, elle s'acheva sous la république.

Constatons en passant que sur cinq révolutions en France, trois ont éclaté sous les gouvernements monarchiques, et cela parce que l'*abus* de l'*autorité*, le *pouvoir personnel* et la *suppression de la liberté* conduisent infailliblement un pays à la *révolution* et à la guerre civile !

Le ministère réactionnaire de Polignac, sous Charles X, amena 1830.

Le ministère de réaction Guizot, sous Louis-Philipe I, amena 1848.

Le despotisme du régime impérial, la guerre et Sedan, amenèrent le 4 septembre.

Vous voyez donc, mes amis, que le pouvoir *monarchique* n'offre pas plus de *sécurité* contre les révolutions que le *régime républicain* .

Au contraire, toutes les fois qur *la force* veut *primer le droit* il y a révolte dans le pays.

Le *pouvoir personnel* est impuissant à vaincre la liberté, il est toujours vaincu par elle !

Nous en arrivons au gouvernement républicain. Je prévois votre objection.

Les *révolutions* se font sous les monarchies an profit de la *république*, par conséquent les républicains sont des révolutionnaires.

J'y consens.

Mais alors, quand nous sommes en république et qu'il plait à Napoléon I ou à Napoléon III de faire le 18 brumaire ou le 2 décembre, quels sont, je vous le demande, les *révolutionnaires*?

Je me résume et je conclus :

Les révolutionnaires sont les hommes qui cherchent à renverser un pouvoir établi.

L'histoire a désigné par deux titres, dans la Grèce et la Rome antique, les révolutionnaires.

Elle a distingué les *révolutions aristocratiques* et les *révolutions populaires*.

Les empires et les monarchies tombent sous les *révolutions populaires*.

Les républiques sont toujours attaquées par les *révolutions aristocratiques*.

Vous êtes le peuple; à vous de voir dans laquelle de ces deux sortes de révolutions vous trouverez votre avantage.

Mais je le sais, mes amis, vous n'êtes pas des *révolutionnaires*, vous êtes des *conservateurs*, et à ce titre, puisque la *république existe*, vous êtes des *républicains*.

CHAPITRE II.

—

République et pouvoirs de l'Etat

Mous avons défini le mot *révolution*.

J'entends démontrer clairement le mécanisme du *gouvernement républicain* .

Pour bien nous entendre, raisonnons par comparaison.

Etablissons un parallèle entre l'administration de nos communes et le gouvernement de l'état.

L'état est en grand ce que la commune est en petit.

Eh bien ! depuis 1789 vous vivez dans chaque commune en *république.*

Avant 1789, un seigneur était maître de la commune, il disposait à son gré de ses intérêts, il avait le droit de haute et basse justice sur les habitants.

Triste époque qui a laissé parmi vous le souvenir de biens des abus, mais qui ne sut rien faire pour l'amélioration de vos campagnes et le bien être des populations.

Vos routes, vos maisons d'école. votre aisance, votre instruction, vous devez tout cela à *l'organisation républicaine* de vos communes.

Et cela, comprenez-le bien, parceque la commune a cessé d'être la *propriété d'un* SEUL, et qu'elle est devenue la *chose* de TOUS.

En latin république *res publica* signifie la *chose publique.*

Que se passe-t-il dans vos communes ? Vous nommez des conseillers municipaux pour faire les affaires de la commune, régler les impôts, en répartir l'emploi.

Le conseil municipal élu par vous choisit le *maire*, et le charge de l'administration et de la police de la commune.

Seul le maire ne peut rien. Il ne peut agir qu'avec le consentement et l'adhésion de son conseil.

Il ne fixe pas les impôts selon son caprice.

Il ne fait pas passer le chemin, par où il veut.

Il ne dispose pas à sa fantaisie de vos bourses.

Il ne règle pas vos intérêts à sa tête.

Ce qui signifie que le maire n'a pas un *pouvoir personnel*, mais seulement un *pou voir exécutif*,

Le maire n'impose pas sa *volonté* au conseil, mais il *exécute* la *volonté* du conseil.

Voulez-vous, oui ou non, que cela reste ainsi ?

Eh ! bien, chers amis, en vous définissant l'organisation municipale de vos communes, je vous ai démontré *la forme* et le *mécanisme du gouvernement républicain*.

Sous la république les pouvoirs de l'état sont entre les mains d'assemblées nommées *librement* par chacun de vous.

Ces assemblées votent et répartissent l'impôt, approuvent les tracés de chemins de fer et de canaux, disposent de la paix ou de la guerre, modifient les lois selon les besoins du pays.

Ces assemblées, *élues* directement par la nation, élirent à leur tour le président de la république.

Ils le chargent de l'administration, de la police de l'état, de la direction des affaires et de la mission de représenter dignement un grand peuple.

Le président de la république est nommé pour un temps. Il est *irresponsable* vis à vis des chambres. c'est-à-dire qu'il n'a pas la responsabilité vis à vis des chambres des actes de son ministère, sauf le cas de haute trahison, de la violation des lois constitutionnelles.

Le président ne prend pas part aux débats des assemblées.

Il est représenté par les ministres, qui doivent

selon les traditions du *régime parlementaire* être choisis parmi la *majorité* du parlement.

Les ministres, eux, sont responsables de leurs actes devant l'assemblée et devant le pays.

Ils doivent compte aux chambres, chacun dans son administration, de l'emploi des fonds de l'état, et ceci est pour nous *la garantie qu'un contrôle sérieux de nos finances est exercé par les mandataires du pays.*

Toutefois, si les députés cessent d'être indépendants vis à vis du gouvernement, deviennent les *hommes* du ministère, il va sans dire qu'ils voteront au gré des ministres, dont ils seront les *agents* et non plus les *surveillants.*

C'est ainsi que sous le régime impérial, le ministère de Grammont se trouvant en présence diune chambre *servile*, composé de candidats officiels, fit *voter* la guerre contre la Prusse, par acclamation, en juin 1870. La question Hohenzollern, qui servit de prétexte à la déclaration de guerre présentait un intérêt absolument dynastique et nullement politique.

Je me résume donc :

Le président de la république est bien ce que j'ai entendu beaucoup d'entre vous souhaiter :

UN MAIRE DE FRANCE.

Son pouvoir et celui des ministres s'appelle le pouvoir exécutif.

Le pouvoir des représentants se nomme le pouvoir législatif.

J'espère vous avoir ainsi suffisamment expliqué que non seulement la *forme républicaine* favorise tous les intérêts de la nation, mais encore qu'elle préserve de tous les dangers qu'offre le *pouvoir personnel*

Ces deux pouvoirs dépendent l'un de l'autre·
Mais pour que les choses soient dans l'ordre, le
pouvoir législatif doit rester le régulateur du
pouvoir exécutif ; et ce dernier ne peut sans sortir
de ses atributions exercer une pression quelconque
sur les décisions du premier.

Le fonctionnement normal et constitutionnel de
ces deux pouvoirs assure l'ordre et protége la liberté.

<hr>

CHAPITRE III

Prospérité, Sécurité, Paix

Nous venons d'examiner l'organisation républicaine.

Vous avez bien compris, n'est-ce pas. mes amis,
tout le système républicain repose sur ce principe:

Le gouvernement du pays par le pays ! principe
essentiellement sage, et qui peut seul donner à
une nation : la prospérité, la sécurité et la paix.

J'entends prouver ce que j'avance. J'affirme que
ces trois choses : prospérité, sécurité, et paix, aucun pouvoir personnel ne les a jamais données, et
ne les donnera jamais à un pays.

Vous allez me répondre, vous cultivateurs du
Perche, qu'aucune prospérité ne fut égale à celle
dont vous jouissiez sous l'empire.

C'est là, pour ceux qui regrettent ce régime, et
qui en désirent le retour, le principal argument.

Vous prétendez tous que votre fortune et votre
aisance date de là.

Soyez francs, et couvenez que depuis six ans,
quoique nous soyons en république, les affaires se
font bien.

Vous êtes un pays d'élevage et le chiffre de la consommation arrive à dépasser celui de la production.

Jamais vos chevaux ne se sont vendus mieux et plus cher,

Le développement des grands commerces parisiens est devenu une nouvelle source d'écoulement pour la race percheronne.

J'en appelle aux ménagères. Le prix du beurre, de la volaille, et des œufs n'a jamais été si élevé qu'il l'est aujourd'hui.

Sommes-nous donc sous l'empire ? Non, Dieu merci, et pourtant lorsque je parcours vos campagnes, j'y constate avec bonheur, que tout respire l'aisance.

On ne voit plus de masures et de chaumières, mais de coquettes maisons.

Il y a 30 ans, on bâtissait en terre, il y en a 15, on se servait de pierre et de terre, aujourd'hui on construit à chaux et à sable.

Est-ce exact ?

Oui, mais entrant dans vos maisons une chose me frappe encore, c'est d'y voir occupant la place d'honneur, les portraits de la famille impériale.

Vous vivez sur une légende, mais la légende aujourd'hui doit faire place à la *vérité !*

La vérité, mes amis, dit que vous ne devez rien à l'empire.

Votre aisance, la prospérité de vos affaires, vous la devez au grand mouvement social qui s'est accompli à la fin du dernier siècle, mouvement qui a transformé le pays, et qui n'a pas été l'œuvre d'un homme, mais celle d'une nation.

Votre prospérité vous la devez au percement des

voies de communication, à la création des chemins de fer, à la diffusion de l'instruction ; en un mot ce que vous êtes, vous ne le devez pas à une forme de gouvernement, vous le devez à la grande révolution démocratique, qui s'est accomplie en France en 1789.

Avant cette époque, la propriété était aux mains du *clergé* et de la *noblesse*, on vous avait habitué à vivre d'aumônes et vous vivez aujourd'hui de travail.

Le *travail*, mes amis, il est devenu fructueux, et c'est à lui seul que vous devez votre *indépendance*.

C'est lui qui vous a appris à ne dépendre que de vous, et à n'attendre rien que de lui.

Le travail, il crée l'aisance, il ôte à l'homme tout esprit servile et lui donne une haute idée du *droit*, du *devoir*, de *l'honneur*, et de la *liberté*.

Les peuples laborieux, doivent être des peuples libres, le despotisme n'est plus fait pour eux.

Oui, mes amis, ces bienfaits que vous attribuez à l'empire, vous ne les devez qu'aux progrès matériels obtenus par l'industrie, aux progrès intellectuels engendrés par l'instruction.

Ces progrès, fruits de l'intelligence humaine ont fait marcher la France dans les *voies libérales*.

La République est un progrès dans l'Etat, comme l'électricité est un progrès dans la science.

J'ajoute :

Non-seulement vous ne devez rien à l'empire, mais sans l'empire votre prospérité eût été plus grande.

L'empire a fait la guerre et la guerre ruine les peuples riches.

La France était riche quand la guerre de Crimée éclata.

N'y a-t-il pas de vos fils qui y sont morts de froid sous Sébastopol?

Et un enfant, vous le savez, si c'est le bonheur dans la vie pour le cultivateur, c'est la *fortune* et la *force*.

La guerre de Crimée n'a pas été la seule, quatre fois l'empire déclara la guerre, quatre fois le pays fut sous les armes.

Il y eut des victoires, c'est vrai, mais ne préférez-vous pas garder vos fils, et ne pas conquérir de provinces. Mais il y eut aussi des défaites, des désastres. En tout cas ne préféreriez-vous pas garder vos fils ? Que vous fait, à vous cette fumée qu'on appelle la gloire d'un homme?

L'empire vous a donné Nice et la Savoie.

Il vous a fait perdre l'Alsace et la Lorraine.

Il a donné à la Prusse un prétexte pour vous vaincre.

Le nom seul de *Napoléon* entretient depuis 80 ans la vengeance de l'autre côté du Rhin.

Vos pères ont peut-être été à Iéna, ils ont assisté à l'anéantissement de la Prusse, et les Prussiens, peuple persévérant, se sont vengés des pères sur les enfants.

Voilà ce que vous a donné l'empire, quelques victoires, qui n'effacent pas la honte de Sédan.

Voilà ce qu'il vous a coûté : la vie de vos enfants, les contributions de guerre, les maux de l'invasion et finalement la haine et la défiance de l'Europe.

L'empire ne vous a donc pas donné la sécurité.

Résumons : *le travail seul*, donne la prospérité, *la paix seule* donne la sécurité.

Et si vous voulez la prospérité, la sécurité, ne rétablissez jamais le pouvoir personnel.

Ni avec aucune dynastie !

Ni avec aucun homme !

Restez libres, indépendants, maîtres de vous-mêmes, et ne vous faites pas les instruments serviles d'un pouvoir, qui vous flatte aujourd'hui pour vous écraser demain.

CHAPITRE IV

Dissolution, Monarchistes, Cléricaux

Il n'y a qu'un instant nous définissions :

Le pouvoir exécutif, et le pouvoir législatif.

Si le pouvoir exécutif est en désaccord avec le pouvoir législatif, le premier de ces deux pouvoirs a le droit de dissoudre le second — à la condition d'être d'accord avec le sénat.

C'est alors que le pays consulté sur le désaccord qui s'est produit entre les deux pouvoirs de l'état

J'aborde la question qui, à juste titre, préoccupe le pays en ce moment.

Je ne puis vous dire, mes amis, quelle a été la cause du conflit (ce conflit n'ayant pas existé) dont la conséquence a été la dissolution de la chambre des députés.

Depuis quelques mois déjà les anciens partis, légitimistes, orléanistes, bonapartistes, s'ennuyaient et s'inquiétaient de voir que tout marchait bien sans eux.

Ne savez-vous pas par expérience, que dans vos communes, s'il y a des conseillers qui n'ont pas été réélus, ils sont le centre d'une opposition, et cherchent à entraver les affaires.

Par fois même ils parviennent à surprendre, à

tromper l'administration, se font donner gain de cause, et font casser le nouveau conseil.

Qui n'est pas content ? C'est vous.

Vous rédigez une protestation,

On vous traite de factieux.

Vous vous plaignez,

On dit que vous êtes des révolutionnaires. On passe outre ? vos anciens maîtres sont revenus au pouvoir, c'était tout ce qu'ils voulaient.

Voilà, mes amis, toute l'histoire du 16 mai.

On vous dit que le *radicalisme* menaçait notre société. Ceci n'est pas exact : la *vérité* c'est que les *anciens partis* ont la prétention de tout mener et veulent resaisir le pouvoir qui leur échappe.

Messieurs les ducs et leurs amis, appartiennent à une *vieille société*, ennemie de notre société nouvelle, et voulant détruire la république pour rétablir la monarchie et ses priviléges.

Monsieur le Maréchal de Mac-Mahon appartient par sa famille, ses alliances, et ses relations aux partis monarchiques !

Il a cédé, aux influences de ses amis, aux sollicitations du clergé, et s'est séparé du ministère libéral Christophle et Jules Simon, qu'il a remplacé par le ministère clérical qui est au pouvoir aujourd'hui.

Le 16 mai a été l'œuvre d'un parti, un essai de retour à l'ancien régime ; il a été préparé par les sécrètes intrigues de la noblesse et du clergé. Il a placé le pouvoir aux mains des *monarchistes* et des *cléricaux*.

J'entends par les *monarchistes*, mes amis, ceux qui veulent ramener Henri V, les partisans du droit divin, et l'ennemi du suffrage universel. Les bonapartistes, unis aux monarchistes, ont renoncé à rétablir *l'empire*, et se sont associés aux légitimistes.

J'entends par les *cléricaux* les hommes qui prétendent que le clergé doit se mêler de politique, et s'occuper de diriger les affaires de l'état, et celles de la commune.

Je sais, mes amis, que telle n'est pas votre pensée. Vous respectez profondément la religion, mais vous n'aimez pas que vos curés s'occupent de politique, et se mêlent des affaires de la commune.

Et cela, parceque vous ne voulez pas que le prêtre soit un homme de parti mais un apôtre de Dieu !

Enfin, vous redoutez la guerre, vous savez que le clergé parle toujours de rendre Rome au pape ; et vous craignez, j'en suis sûr, qu'il vous brouille avec l'Italie, et fasse verser le sang de vos enfants pour rétablir le pouvoir temporel.

Le prince impérial est, vous le savez bien, le filleul du pape, il serait bien obligé de rendre Rome à son parrain, il aurait aussi à venger son père que les Prussiens ont fait prisonnier.

L'empire, s'il revenait, ce serait la guerre !

Croyez moi donc, mes amis, laborieux travailleurs, cultivateurs, négociants, ouvriers, croyez-moi, défiez-vous des promesses que vous font ceux qui ont intérêt à redevenir vos maîtres. Ne voyez-vous pas qu'on cherche depuis quelque temps à vous faire peur, en révoquant des maires, en déplaçant des instituteurs, en fermant des cafés, supprimant des journaux, en vous défendant de critiquer ou de blâmer les actes du gouvernement?

Ne vous laissez pas intimider. Vos votes décideront de tout. Si vous avez la sagesse, de voter librement, sans vous inquiéter des conseils ou des ordres du gouvernement; vous resterez libres, maîtres de vous, tranquilles, et les affaires et le commerce marcheront bien ! Vous conserverez votre droit d'électeur que la *réaction*, c'est-à-dire les hommes du passé, voudrait bien vous ôter, car la *suppression du suffrage univérsel* est depuis longtemps le rêve des monarchistes de toutes nuances.

Vous tenez à voter, n'est-ce pas, et vous avez raison ; car le jour où vous ne voterez plus, vous aurez perdu le droit et la liberté de nommer votre gouvernement.

CONCLUSION

Il ne me reste plus qu'à conclure, mes chers amis.

Ma conclusion est toute simple, elle ressort de ce que je vous ai dit : vous la devinez.

Ne rétablissez pas le pouvoir personnel, vous ais-je dit, opposez-vous donc à toute restauration monarchique, ou à toute autorité remise aux mains d'un seul homme !

Maintenez les pouvoirs de la nation tels qu'ils sont établis. Conservez la république avec un président nommé pour un temps.

Ne vous effrayez pas si le président venait à mourir ou à se retirer, l'assemblée en nommerait un autre ; et ce seront toujours des hommes modérés, également respectés de tous les partis qui seront élus à la tête du pouvoir.

Ne craignez pas d'avantage le *radicalisme* c'est

un mot dont on se sert pour vous effrayer. Sur ces 360 députés, qu'on accuse d'être des *radicaux*, il y en a 300 au moins qui pensent absolument comme vous, et dont la politique est et sera celle que leur a enseignée l'illustre M. Thiers !

J'espère que la confiance que vous aviez en ce grand citoyen, qui seul s'est opposé à la guerre en 1870, et seul a libéré le territoire, vous fera maintenir le gouvernement qu'il a établi.

Si vous êtes vraiment *conservateurs* (conserver, vous le savez, ce n'est pas détruire) conservez la république.

Rappelez-vous qu'aux dernières élections la France a prouvé qu'elle était républicaine en donnant qnatre millions de voix aux candidats républicains et deux millions senlement aux candidats monarchistes.

Votez avec le nombre, avec la masse de la nation prête à affirmer le 14 octobre, les votes républicains des 20 Février et 5 Mars 1876.

Le gouvernement que veut la France, c'est la république.

Tout homme qui s'y rallie assure l'ordre et la prospérité et fait acte de bon citoyen.

Vous tous, cultivateurs, qui aurez aux prochaines élections à choisir entre deux candidats, monarchiste ou républicain, votez pour le candidat republicain si vous voulez éviter la guerre et la révolution à l'intérieur ; et soyez sans inquiétude, la république sera ce qu'a dit M. Thiers, CONSERVATRICE, afin d'être aussi rassurante que libérale !

Vu et approuvé : Alert GUAY

BELLÊME, IMPR RI DEL I OTX.